Healthy Eating with MyPyramid/
Comida sana con MiPirámide

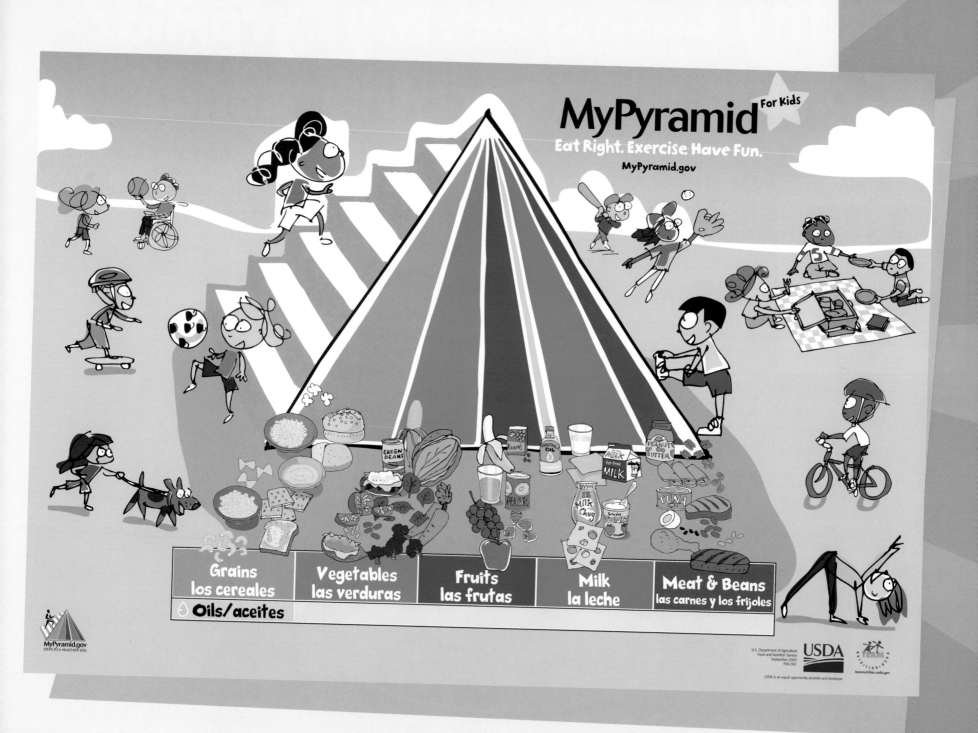

Healthy Eating with MyPyramid/
Comida sana con MiPirámide

by/por Mari Schuh

Translation/Traducción: Dr. Martín Luis Guzmán Ferrer
Consulting Editor/Editor Consultor: Dra. Gail Saunders-Smith

Consultant/Consultor: Barbara J. Rolls, PhD
Guthrie Chair in Nutrition
The Pennsylvania State University
University Park, Pennsylvania

Capstone
press

Table of Contents

Tabla de contenidos

Table of Contents

Tabla de contenidos

The Grain Group/
El grupo de los cereales

Grains

Grains give you energy.

What grains have you

eaten today?

Los cereales

Los cereales te dan energía.

¿Qué cereales has comido hoy?

Do you know that grains
are parts of plants?
Most grains grow in fields.
Oats, corn, wheat,
and rice are grains.

¿Sabías que los cereales son parte
de algunas plantas? La mayoría de
los cereales crece en el campo.
La avena, el maíz, el trigo y
el arroz son cereales.

Try to eat foods that
are made from whole grains.
Whole grains are
full of nutrients.

Trata de comer alimentos
hechos de cereales integrales.
Los cereales integrales están
llenos de nutrientes.

15

MyPyramid for Kids

MyPyramid teaches you the foods and amounts that are right for you. The grain group is a part of MyPyramid.

MiPirámide para niños

MiPirámide te enseña qué alimentos debes comer y en qué cantidad. El grupo de los cereales es parte de MiPirámide.

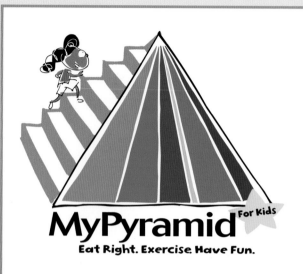

MyPyramid For Kids
Eat Right. Exercise. Have Fun.

To learn more about healthy eating, go to this web site: www.MyPyramid.gov/kids Ask an adult for help.

Para saber más sobre comida sana, ve a este sitio de Internet: www.MyPyramid.gov/kids Pídele a un adulto que te ayude.

Nibble, nibble, nibble.

Try to eat 4 ounces

of grains a day.

Poquito a poco, trata

de comer 4 onzas

de cereales al día.

Enjoying Grains

Chewy, yummy,

and good for you.

Eat a sandwich for lunch.

Choose whole-grain bread.

Cómo disfrutar de los cereales

Sabrosos, crujientes y saludables.

Cómete un sándwich en el almuerzo.

Escoge uno de pan integral.

Pop, pop, pop!

Make popcorn

in the microwave.

Share it with your friends.

¡Pop, pop, pop!

Haz palomitas en el microondas.

Compártelas con tus amigos.

The noodles in your soup
are made from grain.
Slurp!

Los tallarines de tu sopa
son de cereal.
¡Slurp!

Grains are a part
of a healthy meal.
What are your
favorite grains?

Los cereales son parte
de una comida saludable.
¿Cuál es tu cereal favorito?

How Much to Eat

Many kids need to eat 4 ounces of grains every day. To get 4 ounces, pick four of your favorite grains.

Cuánto hay que comer

Muchos niños necesitan 4 onzas diarias de cereales. Para completar 4 onzas, escoge cuatro de tus alimentos favoritos.

Pick four grains to eat today!

¡Escoge cuatro de estos cereales para el día de hoy!

½ cup cooked pasta
½ taza de pasta cocida

5 whole-wheat crackers
5 galletas de trigo integral

2 small pancakes
2 tortitas a panqueques

½ cup cooked rice
½ taza de arroz cocido

½ cup cooked spaghetti
½ taza de espagueti cocido

3 cups low-fat popcorn
3 tazas de palomitas bajas en grasa

1 cup of cereal
1 taza de cereal

1 slice of bread
una rebanada de pan integral

The Vegetable Group/ El grupo de las verduras

Vegetables

How many vegetables

have you eaten today?

Las verduras

¿Cuántas verduras

has comido hoy?

Did you know that vegetables
come from plants?
Vegetables help keep you
healthy and strong.

¿Sabías que las verduras
vienen de las plantas?
Las verduras te ayudan
a estar sano y fuerte.

MyPyramid for Kids

MyPyramid teaches you how much to eat from each food group. Vegetables are one food group in MyPyramid.

MiPirámide para niños

MiPirámide te enseña cuánto debes comer de cada uno de los grupos de alimentos. El grupo de las verduras es parte de MiPirámide.

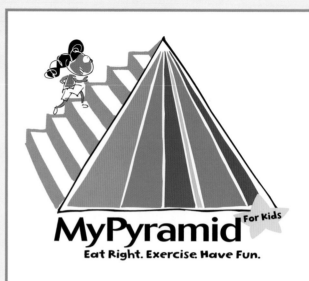

To learn more about healthy eating, go to this web site: www.MyPyramid.gov/kids Ask an adult for help.

Para saber más sobre comida sana, ve a este sitio de Internet: www.MyPyramid.gov/kids Pídele a un adulto que te ayude.

Kids should eat
at least 1½ cups
of vegetables every day.

Los niños deben comer por
lo menos 1½ tazas de
verduras todos los días.

Enjoying Vegetables

Cucumbers, carrots, cabbage.

There are all kinds of vegetables.

If you don't like one, try another.

Cómo disfrutar de las verduras

Pepinos, zanahorias, col.

Hay toda clase de verduras.

Si una no te gusta, prueba otra.

Yellow, red, green.

See how many colors you can eat.

Corn, tomatoes, and lettuce

are part of a healthy meal.

Amarillo, rojo, verde.

Mira cuántos colores puedes comerte.

El maíz, los tomates y la lechuga

son parte de una comida saludable.

Crunch, crunch, crunch.

Carrots and celery

make a fun snack.

Crunch, crunch, crunch.

Las zanahorias y el apio

resultan meriendas

muy divertidas.

You can make
a vegetable pizza.
Top it with peppers
and mushrooms.

Puedes hacer una
pizza de verduras.
Ponle pimientos y hongos.

Vegetables are part
of a healthy meal.
What are your
favorite vegetables?

Las verduras son parte
de una comida saludable.
¿Cuáles son tus verduras
preferidas?

How Much to Eat

Kids need to eat at least
1½ cups of vegetables every day.
To get 1½ cups, pick three of
your favorite vegetables.

Cuánto hay que comer

La mayoría de los niños necesitan
por lo menos 1½ tazas de verduras
al día. Para completar 1½ tazas,
escoge tres de tus verduras preferidas.

Pick three of your favorite vegetables to eat today!

¡Escoge tres de tus verduras preferidas y cómetelas hoy!

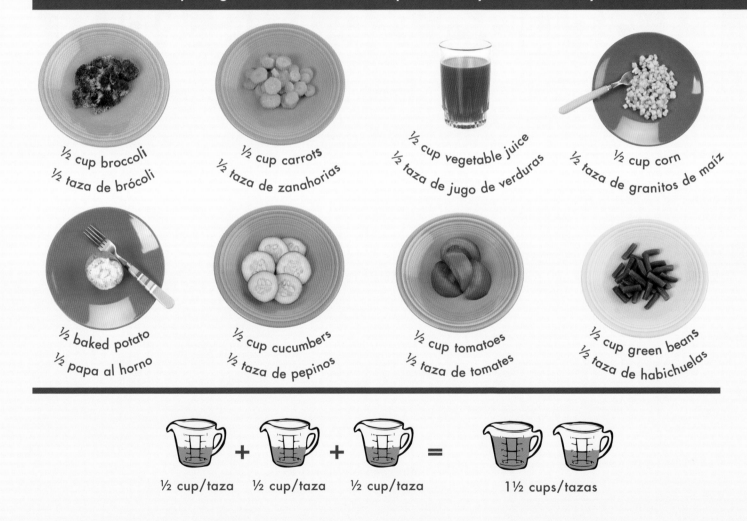

½ cup broccoli
½ taza de brócoli

½ cup carrots
½ taza de zanahorias

½ cup vegetable juice
½ taza de jugo de verduras

½ cup corn
½ taza de granitos de maíz

½ baked potato
½ papa al horno

½ cup cucumbers
½ taza de pepinos

½ cup tomatoes
½ taza de tomates

½ cup green beans
½ taza de habichuelas

½ cup/taza + ½ cup/taza + ½ cup/taza = 1½ cups/tazas

The Fruit Group/
El grupo de las frutas/

Fruit

Fruit helps keep you

healthy and strong.

What fruit have

you eaten today?

Las frutas

Las frutas te ayudan

a estar sano y fuerte.

¿Qué fruta has comido hoy?

Do you ever wonder
where fruit comes from?
Fruit grows on trees,
bushes, and vines.

¿Alguna vez te has preguntado
de dónde vienen las frutas?
Las frutas crecen en los árboles,
arbustos y enredaderas.

MyPyramid for Kids

MyPyramid teaches you how much to eat from each food group. Fruit is a food group in MyPyramid.

MiPirámide para niños

MiPirámide te enseña cuánto debes comer de cada uno de los grupos de alimentos. El grupo de las frutas es parte de MiPirámide.

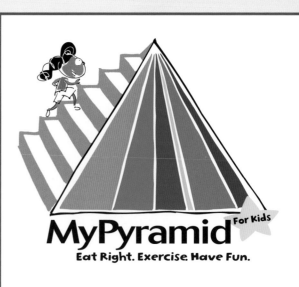

To learn more about healthy eating, go to this web site: www.MyPyramid.gov/kids Ask an adult for help.

Para saber más sobre comida sana, ve a este sitio de Internet: www.MyPyramid.gov/kids Pídele a un adulto que te ayude.

Kids should eat
about 1 cup of fruit
every day.

Los chicos deben comer
como 1 taza de fruta
todos los días.

Enjoying Fruit

Yellow, orange, red.

How many colors can you eat?

Enjoy bananas, oranges,

and apples.

Cómo disfrutar de las frutas

Amarillo, anaranjado, rojo.

¿Cuántos colores puedes comerte?

Disfruta los plátanos, las naranjas

y las manzanas.

Pears, melons, grapefruit.

Fruit comes in

many shapes and sizes.

Try a fruit you've never

eaten before.

Peras, melones y toronjas.

Las frutas son de muchas

formas y tamaños. Prueba una

fruta que nunca hayas comido.

Strawberries make

a good snack

to share with a friend.

Las fresas son una buena

merienda para compartir

con una amiga.

Sip, slurp, gulp.

Enjoy a cold fruit smoothie.

Smoothies have lots of fruit

in them.

Da unos sorbitos.

Disfruta un licuado

de fruta frío. Los licuados

contienen mucha fruta.

Fruit makes a sweet part
of a healthy lunch.
What are your favorite fruits?

La fruta puede ser el postre
después un almuerzo sano.
¿Cuáles son tus frutas preferidas?

How Much to Eat

Kids need to eat about 1 cup of fruit every day. To get 1 cup, pick two of your favorite fruits.

Cuánto hay que comer

Los niños necesitan 1 taza de fruta todos los días.
Para completar 1 taza, escoge dos de tus frutas preferidas.

Pick two of your favorite fruits to enjoy today!

¡Escoge dos de tus frutas preferidas para disfrutarlas hoy!

½ cup grapes
½ taza de uvas

1 small orange
una naranja pequeña

½ cup orange juice
½ taza de jugo de naranja

6 watermelon balls
6 bolitas de sandía

½ cup pineapple chunks
½ taza de trocitos de piña

½ cup 100% fruit juice
½ taza de jugo de frutas

1 small banana
1 plátano pequeño

½ of a medium grapefruit
½ toronja

½ cup/taza + ½ cup/taza = 1 cup/taza

The Milk Group/
El grupo de la leche

The Milk Group

Milk, cheese, yogurt.

How many dairy products

have you had today?

El grupo de la leche

Leche, queso, yogurt.

¿Cuántos productos lácteos

has comido hoy?

Foods in the milk group have calcium.
Your bones and teeth need calcium
to grow healthy and strong.

Los alimentos en el grupo de
la leche tienen calcio. Tus huesos
y tus dientes necesitan calcio
para que crezcas sano y fuerte.

MyPyramid for Kids

MyPyramid teaches you how much to eat from each food group. The milk group is part of MyPyramid.

MiPirámide para niños

MiPirámide te enseña cuánto debes comer de cada uno de los grupos de alimentos. El grupo de la leche es parte de MiPirámide.

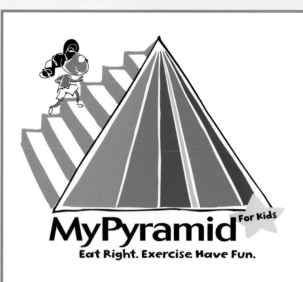

To learn more about healthy eating, go to this web site: www.MyPyramid.gov/kids Ask an adult for help.

Para saber más sobre comida sana, ve a este sitio de Internet: www.MyPyramid.gov/kids Pídele a un adulto que te ayude.

Kids should eat and
drink 2 cups from the
milk group every day.

Los niños deben beber
y comer 2 tazas del grupo
de la leche todos los días.

83

Enjoying the Milk Group

Wow! Look at all the kinds of milk. Choose low-fat milk and low-fat dairy foods.

Cómo disfrutar de la leche

¡Guau! Mira cuántas clases de leche hay. Escoge leche baja en grasas y productos lácteos bajos en grasas.

White, pink, brown.

If you don't like white milk,

try chocolate or strawberry.

Which one is your favorite?

Blanco, rosa o marrón.

Si no te gusta la leche

blanca, prueba la de

chocolate o la de fresa.

¿Cuál prefieres?

Sweet, smooth, and creamy.

Dip fruit in your yogurt

for a tasty treat.

Dulce, suavecito y cremoso.

Mete frutas en el yogurt

y verás qué sabroso.

Hard, soft, yellow, or white.
Find many kinds of low-fat cheese
at your grocery store.

Duro, suave, amarillo o blanco.
Busca cuántas clases de quesos
bajos en grasas hay en tu mercado.

The milk group is
a part of a healthy meal.
What are your favorite foods
made from milk?

El grupo de la leche es
parte de una comida sana.
¿Cuáles son tus alimentos
preferidos hechos de leche?

How Much to Eat

Most kids need to have 2 cups
from the milk group every day.
To get 2 cups, pick two of
your favorite milk products.

Cuánto hay que comer

La mayoría de los niños necesita
dos tazas de alimentos lácteos
al día. Para completar dos tazas,
escoge dos de tus productos
lácteos preferidos.

Pick two of your favorite milk products to enjoy today!

¡Escoge dos de tus productos lácteos preferidos!

2 pieces of string cheese
2 piezas de queso en tiritas

1 cup of skim milk
1 taza de leche descremada

1½ ounces of hard cheese
1½ onzas de queso durito

1 cup of low-fat pudding
1 taza de natilla baja en grasas

2 ounces of processed cheese
2 onzas de queso procesado

1 cup of yogurt
1 taza de yogurt

1 cup/taza   1 cup/taza   2 cups/tazas

The Meat and Beans Group/
El grupo de las carnes y los frijoles

The Meat and Beans Group

Have you eaten

any foods from the

meat and beans group today?

El grupo de las carnes y los frijoles

¿Has comido hoy alguno de

los alimentos del grupo de

las carnes y los frijoles?

Meat, chicken, fish.

Beans, eggs, nuts, and seeds.

These foods give you protein.

Carne, pollo, pescado.

Frijoles, huevos, nueces

y semillas. Todos estos

alimentos te dan proteínas.

101

MyPyramid for Kids

MyPyramid is a tool
to help you eat healthy food.
The meat and beans group
is part of MyPyramid.

MiPirámide para niños

MiPirámide es una herramienta
que te ayuda a comer
alimentos saludables. El grupo
de las carnes y los frijoles
es parte de MiPirámide.

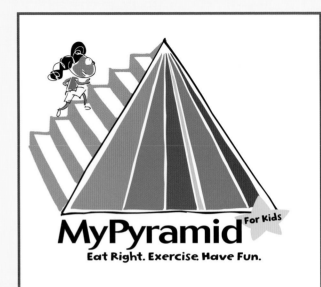

To learn more about
healthy eating,
go to this web site:
www.MyPyramid.gov/kids
Ask an adult for help.

Para saber más sobre
comida sana, ve a este
sitio de Internet:
www.MyPyramid.gov/kids
Pídele a un adulto
que te ayude.

Eat 3 ounces from
the meat and beans group
every day.

Come 3 onzas del grupo
de las carnes y los frijoles
todos los días.

Enjoying Meat and Beans

Some meats have lots of fat.

Low-fat meats are better for you.

Choose low-fat beef, chicken,

pork, turkey, and fish.

Cómo disfrutar de la carne y los frijoles

Algunas carnes tienen muchísima grasa.

Para ti las carnes bajas en grasa son las

mejores. Escoge las carnes bajas en grasa,

sean de res, pollo, cerdo, pavo o pescado.

Yum! Enjoy a sandwich
at lunch. If you want
to try a new food,
have a veggie burger.

¡Qué rico! En el almuerzo disfruta
de un sándwich. Si quieres probar
un nuevo alimento cómete una
hamburguesa de verduras.

Brrrrr! Warm up
with a bowl of chili
on a cold night.
Dig into the spicy meat
and beans.

¡Qué frío! Caliéntate con
un plato de chile con carne
en una noche fría. Saborea
la carne picante con frijoles.

Mixed nuts

make a crunchy snack.

Nuts have protein

and give you energy.

Las nueces constituyen

una merienda muy sabrosa.

Las nueces tienen proteínas

que te dan energía.

Foods from the

meat and beans group

are part of a healthy meal.

What are your favorites?

Los alimentos del grupo de

las carnes y los frijoles son

parte de una comida saludable.

¿Cuáles son tus favoritos?

How Much to Eat

Many kids need to eat 3 ounces from the meat and beans group every day. To get 3 ounces, pick three of your favorite foods.

Cuánto hay que comer

La mayoría de los niños necesitan 3 onzas diarias del grupo de las carnes y los frijoles. Para completar 3 onzas, escoge tres de tus alimentos favoritos.

Pick three foods below to eat today!

¡Escoge tres de estos alimentos para el día de hoy!

1 ounce of baked beans
1 onza de frijoles cocidos

½ ounce of sunflower seeds
½ onza de semillas de girasol

1 ounce of shrimp
1 onza de camarones

½ veggie burger
½ hamburguesa de verduras

1 tablespoon of peanut butter
1 cucharada de crema de cacahuate

1 egg
1 huevo

1 ounce of tuna
1 onza de atún

1 slice of lean turkey
1 rebanada fina de pavo

Drinking Water/
El agua potable

Water and Your Body

Are you thirsty?

Did you drink

lots of water today?

El agua y tu cuerpo

¿Tienes sed?

¿Tomaste mucha

agua hoy?

Most of your body
is made of water.
Your body needs water
every day.

La mayor parte de tu
cuerpo está hecho de agua.
Tu cuerpo necesita agua
todos los días.

Everything your body
does on the inside
depends on water.
Water helps all your
body parts work right.

Todo lo que tu cuerpo hace
por adentro depende del agua.
El agua ayuda a todas las partes
de tu cuerpo a funcionar bien.

Your body needs water
to help digest food.
Water also helps your body
get rid of waste.

Tu cuerpo necesita agua para
digerir los alimentos. El agua
también ayuda al cuerpo
a eliminar los desechos.

When You Need Water

You lose water

when you play and sweat.

Take water breaks.

Gulp, gulp, gulp.

Cuándo necesitas agua

Pierdes agua cuando juegas

y sudas. Haz pausas para

beber agua. Glu, glu, glu.

Drink plenty of water
when you're sick.
If your body doesn't
have enough water,
it won't work its best.

Cuando estés enfermo toma
mucha agua. Si tu cuerpo no
tiene suficiente agua,
no va a funcionar bien.

Enjoying Water

You can bring water
wherever you go.
Bring bottles of water
along to the park.

Cómo disfrutar del agua

Puedes llevar agua a
cualquier parte que
vayas. Lleva botellas
de agua al parque.

You can get some water
from the food you eat.
Soup, fruits, and vegetables
have lots of water. Enjoy!

Algunos alimentos te dan agua.
La sopa, las frutas y las verduras
tienen muchísima agua. ¡Disfrútalas!

You feel good when you
drink enough water.
Now it's time to play!

Cuando tomas bastante
agua te sientes muy bien.
¡Ahora vamos a jugar!

Healthy Snacks/
Meriendas saludables

Healthy Snacks

Snacks are foods you eat when you
are hungry between meals.
Small healthy snacks
help you grow strong.

Meriendas saludables

Las meriendas son alimentos que
tomas entre las comidas cuando
tienes hambre. Las meriendas
sanas te ayudan a crecer fuerte.

A healthy snack gives you energy until your next meal. What snacks have you eaten today?

Una merienda saludable te da energía hasta tu próxima comida. ¿Qué has merendado hoy?

MyPyramid for Kids

Learn more about healthy snacks and healthy eating from MyPyramid. MyPyramid is a tool to help you eat healthy food.

MiPirámide para niños

En MiPirámide puedes conocer más sobre meriendas y comidas saludables. MiPirámide es una herramienta para ayudarte a comer alimentos sanos.

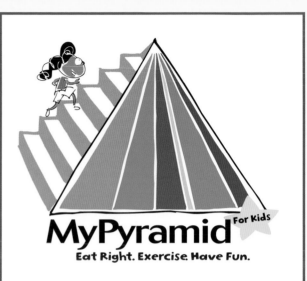

MyPyramid For Kids
Eat Right. Exercise. Have Fun.

To learn more about
healthy eating,
go to this web site:
www.MyPyramid.gov/kids
Ask an adult for help.

Para saber más sobre
comida sana ve a este
sitio de Internet:
www.MyPyramid.gov/kids
Pídele a un adulto
que te ayude.

MyPyramid shows you
all the food groups.
You can choose healthy snacks
from every food group.

MiPirámide muestra todos
los grupos de alimentos.
Puedes escoger meriendas
saludables de cada uno
de estos grupos.

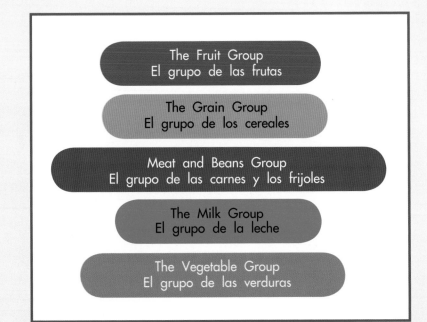

The Fruit Group
El grupo de las frutas

The Grain Group
El grupo de los cereales

Meat and Beans Group
El grupo de las carnes y los frijoles

The Milk Group
El grupo de la leche

The Vegetable Group
El grupo de las verduras

Enjoying Healthy Snacks

Got the munchies?

A small bowl

of low-fat popcorn makes

a great afternoon snack.

Cómo disfrutar las meriendas saludables

¿Quieres algo de merienda?

Un plato pequeño de palomitas

bajas en grasas constituye

una merienda deliciosa.

Mmmm! Carrots and celery taste yummy dipped in salad dressing. What's your favorite vegetable snack?

¡Mmmm! Las zanahorias o el apio saben riquísimos con un aderezo para ensaladas. ¿Cuál es la verdura que más te gusta de merienda?

Are you thirsty?
Make a smoothie
with your favorite yogurt
and fruit. Gulp!

¿Tienes sed? Haz un
licuado con tu fruta y
tu yogurt favoritos. ¡Glup!

153

Nibble, nibble, nibble.

Whole-wheat crackers

topped with cheese

can fill you up.

Picar, picar, picar.

Las galletas de trigo integral

con una lasquita de queso

te dejan más que satisfecho.

It's easy and fun
to make healthy snacks.
Healthy food fuels your body.
Enjoy!

Es muy fácil y divertido
preparar meriendas saludables.
La comida saludable le da energía
a tu cuerpo. ¡Que te aproveche!

Healthy Snack Ideas

If you have the munchies between meals, eat a small healthy snack. Small snacks will fuel your body until your next meal.

Ideas para meriendas saludables

Si tienes ganas de comer algo entre comidas, come un merienda pequeña y sana. Los meriendas pequeñas le dan energía a tu cuerpo hasta la siguiente comida.

Try one of these foods the next time you get hungry between meals!

¡Prueba alguno de estos alimentos la próxima vez que tengas hambre entre las comidas!

vegetable soup

sopa de verduras

fresh fruit

fruta fresca

string cheese

tiritas de queso

carrots and low-fat dip

zanahorias con aderezo bajo en grasas

sliced orange

rebanadas de naranja

cherry tomatoes

tomatitos

cereal with fruit

cereal con fruta

sunflower seeds

semillas de girasol

Being Active/ Mantenerse activo

Being Active

Being active is about playing,

moving your body, and exercising.

How have you been active today?

Mantenerse activo

Para mantenernos activos, debemos

jugar, movernos y hacer ejercicios.

¿Has estado activo hoy?

Smile! Being active makes you feel happy and good about yourself. It can help you stay at a healthy weight.

¡Sonríe! Mantenerte activo te hace sentirte bien y contento contigo mismo. Además, puede ayudarte a mantener un peso adecuado.

MyPyramid for Kids

Being active is a part
of MyPyramid. MyPyramid
is a tool to help you
eat right and stay in shape.

MiPirámide para niños

Mantenerse activo es parte
de MiPirámide. MiPirámide
es una herramienta para
ayudarte a comer bien y
mantenerte en forma.

To learn more about
healthy eating and staying
active, go to this web site:
www.MyPyramid.gov/kids
Ask an adult for help.

Para saber más sobre
comidas saludables y cómo
mantenerse activo, ve a
este sitio de Internet:
www.MyPyramid.gov/kids
Pídele a un adulto
que te ayude.

Kids need to be active
at least 60 minutes every day.
Try to move more and sit less!

Los niños necesitan mantenerse
activos por lo menos 60 minutos
al día. Trata de estar más tiempo en
movimiento y menos tiempo sentado.

Get Moving

Being active is easy and fun.

Play tag with your friends.

Who will you catch first?

¡Ándale!

Mantenerse activo es fácil y divertido.

Juega a perseguir con tus amigos.

¿A quién atraparás primero?

Dribble, pass, shoot.

Play basketball after school.

Get your heart pumping.

Dribla, pasa, lanza.

Juega baloncesto después

de la escuela. Haz que tu

corazón palpite rápidamente.

Time to walk the dog.

Take a jog

around the park.

Es hora de sacar al perro.

Aprovecha para correr

alrededor del parque.

Pedal hard to get moving.

Go for a bike ride

with your family.

Pedalea duro para entrar en calor.

Ve a dar un paseo en bici

con tu familia.

Being active helps keep
you healthy and fit.
How do you like to be active?

Mantenerte activo te ayudará
a estar sano y en forma.
¿Te gusta mantenerte activo?

Ways to Be Active

Kids need to exercise and be active at least 60 minutes every day. Here are some ideas to get you moving. What other ways can you be active?

Cómo mantenerse activo

Los chicos necesitan hacer ejercicio y mantenerse activos por lo menos 60 minutos al día. Estas son algunas ideas para mantenerte activo. ¿De qué otras formas puedes mantenerte activo?

swimming

nadar

jumping rope

saltar a la reata

in-line skating

patinar en línea

dancing

bailar

soccer
fútbol soccer

running
correr

riding bike
andar en bici

playing catch
atrapar pelotas

MyPyramid Servings/ MiPirámíde porciones

	servings/porciones
The Grain Group/ El grupo de los cereales	4 ounces/onzas
The Vegetable Group/ El grupo de las verduras	1.5 cups/tazas
The Fruit Group/ El grupo de las frutas	1 cup/taza
The Milk Group/ El grupo de la leche	2 cups/tazas
The Meat and Beans Group/ El grupo de las carnes y los frijoles	3 ounces/onzas

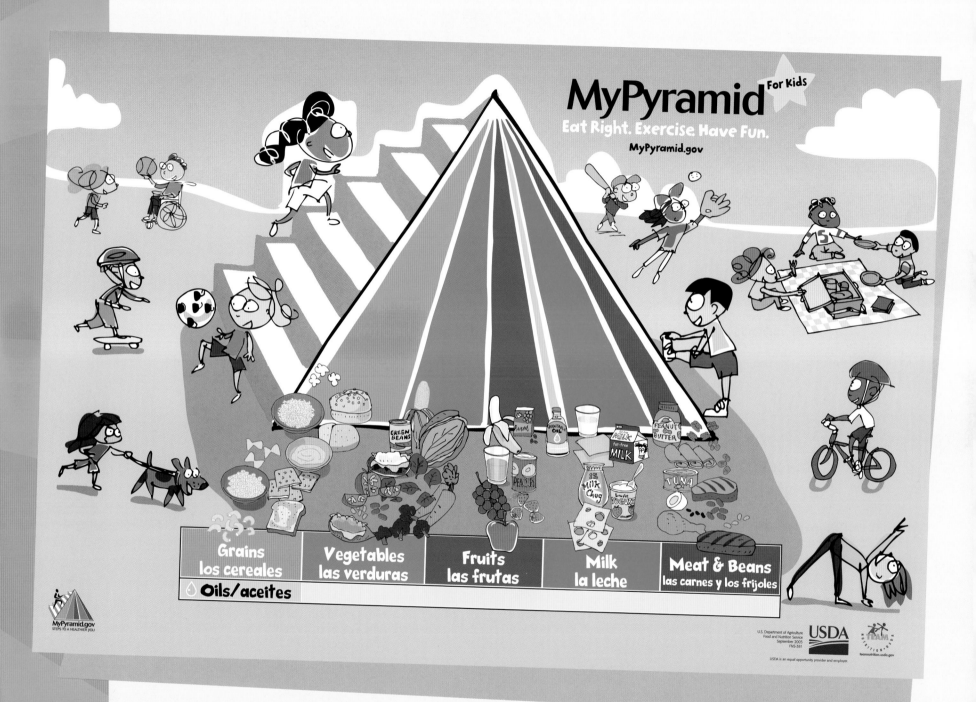

183

Glossary

calcium — a mineral that the body uses to build teeth and bones

dairy — foods that are made with milk; milk, cheese, and yogurt are kinds of dairy foods.

digest — to break down food so it can be absorbed into your blood and used by your body

energy — the strength to do active things without getting tired

exercise — to make your body work hard through activities like sports; exercising helps keep you fit and healthy.

fruit — the fleshy, juicy part of a plant; fruit has seeds.

healthy — being fit and well

MyPyramid — a food plan that helps kids make healthy food choices and reminds kids to be active; MyPyramid was created by the U.S. Department of Agriculture.

nutrient — something that people need to eat to stay healthy and strong; vitamins and minerals are nutrients.

protein — a substance found in plant and animal cells; your body needs protein to work right.

smoothie — a thick, smooth drink made by mixing milk, low-fat yogurt, and fruit in a blender

snack — a small amount of food people eat when they are hungry between meals

sweat — having a salty liquid come out through the pores in your skin because you are hot or nervous

thirsty — needing or wanting water or another liquid

vegetable — a part of a plant that people eat; vegetables come from many parts of a plant.

waste — food and water that your body does not use or need after food has been digested

whole grain — a food that has all three parts of a grain seed; whole grains have lots of vitamins, minerals, and fiber that is good for your body.

Glosario

el calcio — mineral que el cuerpo usa para que crezcan los dientes y los huesos

el cereal integral — alimento que contiene las tres partes del grano; los cereales integrales tienen muchísimas vitaminas, minerales y fibra que son buenos para tu cuerpo.

los desechos — alimentos y agua que tu cuerpo no necesita después de que has digerido la comida

digerir — separar el contenido de los alimentos para que puedan absorberse en la sangre y ser usados por el cuerpo

la energía — fuerza que te permite estar activo sin cansarte

la fruta — parte carnosa y jugosa de una planta; la fruta tiene semillas.

hacer ejercicios — hacer que tu cuerpo trabaje duro con actividades como los deportes; el ejercicio te ayuda a estar en forma y sano.

los lácteos — alimentos que se hacen con leche; la leche, el queso y el yogurt son diferentes tipos de alimentos lácteos.

el licuado — bebida espesa y suave hecha en licuadora mezclando leche, yogurt bajo en grasas y frutas

la merienda — cantidad pequeña de comida que las personas toman entre comidas cuando tienen hambre

MiPirámide — plan de alimentos que ayuda a los chicos a escoger comidas saludables y a mantenerse activos; MiPirámide fue creada por el Departamento de Agricultura de los Estados Unidos.

los nutrientes — algo que las personas necesitan comer para estar sanas y fuertes; las vitaminas y minerales son nutrientes.

las proteínas — sustancia que se encuentra en las células de las plantas y los animales; tu cuerpo necesita proteínas para trabajar bien.

las verduras — parte de la planta que se come; las verduras vienen de diversas partes de las plantas.

sano — estar en forma y bien

la sed — necesidad o deseo de agua u otro líquido

el sudor — líquido salino que sale por los poros de la piel porque tienes calor o estas nervioso

Index

Índice

Pebble Plus is published by Capstone Press,
151 Good Counsel Drive, P.O. Box 669, Mankato, Minnesota 56002.
www.capstonepress.com

Library of Congress Cataloging-in-Publication Data

Schuh, Mari C., 1975–

Healthy eating with MyPyramid / by Mari Schuh = Comida sana con MiPirámide / por Mari Schuh.
   p. cm. — (Pebble plus. Bilingue = Pebble plus. Bilingual)
   Parallel title: Healthy eating with MyPyramid
   Includes index.
   Summary: "Simple text and photographs present the five main food groups, foods in each group, examples of healthy eating choices, and the importance of staying active and examples of how to stay active — in both English and Spanish" — Provided by publisher.
   ISBN 978-1-4296-4359-7 (pbk.)
   1. Nutrition — Juvenile literature. I. Title. II. Title: Healthy eating with MyPyramid. III. Series.
RA784.S387 2010
613.2 — dc22   2009016528

Credits

Katy Kudela, bilingual editor; Eida del Risco, Spanish copy editor; Jennifer Bergstrom, designer;
   Kelly Garvin, photo researcher; Stacy Foster and Michelle Biedscheid, photo shoot coordinators

Photo Credits

Capstone Press/Karon Dubke, cover, 1, 9, 11, 15, 17, 19, 21, 23, 25, 27, 29 (all), 31, 33, 37, 39, 41, 43, 45, 47, 49, 51 (all), 53, 55, 59, 61, 63, 65, 67, 69,
   71, 73 (all), 75, 77, 79, 81, 83, 85, 87, 89, 91, 93, 95 (all), 97, 99, 101, 103, 105, 107, 109, 111, 113, 115, 117 (all), 119, 121, 123, 127, 129, 131, 133, 135,
   139, 141, 143, 145, 147, 149, 151, 153, 155, 157, 159 (all), 161, 167, 181 (swimming, playing catch)
Comstock Images 165 (RFCD), 181 (soccer ball)
Corbis/Ariel Skelley, 35, 137, 169, 177; Claude Woodruff, 57; Duomo, 125; Don Mason, 163; George Shelley, 173; Peter Beck, 13; Tim Pannell, 179
Getty Images Inc./Manzo Niikura, 171
Image Ideas Inc., 181 (soccer)
Masterfile/Masterfile, 175
RubberBall Productions, 181 (jumping rope, in-line skating, dancing, running, and riding bike)
U.S. Department of Agriculture, 2, 16, 36, 58, 80, 102, 144, 166 (insets), 183

Information in this book supports the U.S. Department of Agriculture's MyPyramid for Kids
food guidance system found at http://www.MyPyramid.gov/kids. Food amounts listed in this
book are based on an 1,200-calorie food plan.

The U.S. Department of Agriculture (USDA) does not endorse any products, services,
or organizations.

Note to Parents and Teachers

The Healthy Eating with MyPyramid/Comida sana con MiPirámide set supports national science standards related to nutrition and physical health. This book describes the food groups in both English and Spanish. The images support early readers in understanding the text. The repetition of words and phrases helps early readers learn new words. This book also introduces early readers to subject-specific vocabulary words, which are defined in the Glossary section. Early readers may need assistance to read some words and to use the Table of Contents, Glossary, Internet Sites, and Index sections of the book.